AF277260

CALDE
CUORE

No se permite la reproducción total o parcial de este libro, ni su almacenamiento en un sistema informático, ni su transmisión por cualquier procedimiento o medio, ya sea electrónico, mecánico, por fotocopia, por registro o por otros medios, sin permiso previo y por escrito de los titulares del *copyright*.

«Cualquier forma de reproducción, distribución, comunicación pública o transformación de esta obra solo puede ser realizada con la autorización de sus titulares, salvo excepción prevista por la ley. Diríjase a CEDRO (Centro Español de Derechos Reprográficos, www.cedro.org) si necesita fotocopiar o escanear algún fragmento de esta obra».

Calde cuore

© Del texto: Pablo Guerrero Calderón
© De esta edición: NPQ Editores
www.npqeditores.com
edicion@npqeditores.com

Primera edición: febrero, 2024
Impreso en España

PEFC

Los papeles que usamos son ecológicos, libres de cloro y proceden de bosques gestionados de manera eficiente.

ISBN: 978-84-19924-50-6
Depósito legal: V-429-2024

Pablo Guerrero Calderón

CALDE
CUORE

NPQ
Editores

Contenido

Prólogo

En este entrañable libro, el autor narra
de una manera personal sus vivencias
profundas para que nos demos cuenta
de lo verdaderamente importante,
que no es otra cosa que tú mismo,
que tu amor propio y que la única
felicidad está dentro de nosotros,
como ya sabemos, ríe con gozo.
Se traslada a los lectores lo acontecido
en cada momento según lo reflexionado
por los pensamientos recibidos obrando
de la mejor manera querida de lo sucedido.

PABLO GUERRERO
CALDERÓN

Mi persona

El hecho de estar solo e ir solo a todos lados
me produce una maravillosa libertad,
pero que a la vez me causa terrible soledad.
He aprendido mucho que tienes el deseo
de cuidar muy bien tus amistades reales
no dejando que nadie te aparte de ellas.
Pienso, y es como realmente soy,
que debes realizar siempre el bien,
desear a todas las personas lo mejor,
ser educado y respetuoso con todos y todo.
Siempre ser tu verdadera y buena persona.

Guerrerón

La verdad que muchas veces oímos determinados comentarios, de determinadas personas que parece que nos producen mucho daño, pero que, sin embargo, si lo percibes con cariño y amor, todo lo que parecía dolor se convierte en alivio, en una sensación de satisfacción.

Muchas veces pasan cosas extrañas, te sientes extraño, todo parece raro, pero todo ello, en mi humilde opinión, me dice... que lo atraemos nosotros con nuestros pensamientos, sentimientos, emociones...

La verdadera importancia que le demos a cada uno de ellos, junto con nuestra forma de ser y con la determinada conciencia para poder realizar bien cada suceso, es lo que nos va a llevar al éxito, a nuestro estado sentimental, emocional, a nuestra conducta...

Que todo sea para bien.

Mis padres y hermanos

Seres mágicos llenos de luz y de un gran don,
seres humanos que me regalan todo su amor.
Qué bello el tenerlos conmigo en mi corazón,
qué agradecido le estoy al Señor, al destino,
por quererme y ayudarme un montón.
Yo les regalo todo mi gran amor, mi cariño,
respeto, agradecimiento y admiración.
Os quiero un montón, bella familia de amor.

El tesoro

Dime, mi apreciado y gran tesoro,
qué voy a hacer contigo si te adoro,
qué pasa conmigo, con mi decoro.
Tengo muchos pensamientos de desgana,
que me ganan y hacen lo que les da la gana;
al pensar en tu tesoro, tengo más ganas,
aprovecho la vida y hago lo que me da la gana.
Aprovecho y expreso lo que quiero
con mis recuerdos, que es lo que más quiero.
Más de lo mismo, pues al reflexionarlo,
qué precioso tesoro más preciado.

La dureza

He aprendido a ser una persona más dura,
siempre desde el respeto a todas las personas.
Gracias a la experiencia, uno experimenta
situaciones en la que se tiene que poner
en su sitio, siempre con educación.
Has de saber decir basta cuando algo te afecta,
porque cada persona es libre de ser como es
y cada uno somos como somos.
Sé duro, firme y respetuoso con tu ser,
ten poderío, orgullo y amor propio.

Explosión

Fenómenos que te hacen enloquecer,
situaciones en las que quieres desaparecer;
acontecimientos que deseas romper.
Por un momento parece desvanecerse todo,
pero al final no es tanto todo lo pasado;
ni acontece como lo han pintado,
pues el resultado final no es el esperado.
Pero poco a poco todo parece colocarse
en su lugar, lo suyo es acostumbrarse,
aprender de lo vivido para acomodarse
y así, con tu linda experiencia, alegrarse.

El dolor

Abatido de dolor, estoy sin tu amor;
corazón destrozado, roto y desolado.
Pena y tristeza por no encontrarte,
hundido en la oscuridad por no tenerte;
desorientado voy caminando al pensarte.
Por la vereda de la montaña escarpada,
pasea temblorosa mi alma errada;
por las orillas de la mar turbada,
contemplo las emociones, mi amada.
Conseguirte por un momento quiero,
pues lo que mi cuerpo anhela quiero.

El poder

Pensamiento y sentimiento ficticios,
llenos de engaño y narcisismo,
fuerte satisfacción percibes
de algo que es mentira y no ves;
te crees que eres lo que no eres.
Una vez más, vives algo imaginario,
inventado por tu ego, por tu mente,
que te manipula cada vez que quiere.
Una vez más, sucumbes a la lujuria, los vicios,
te pierdes en el olvido de tus principios.
Abre la mente y descubrirás quién eres
desde un principio, y llévalo hasta el final
con gran sacrificio y satisfacción personal.

La adversidad

Crueles sucesos creados insospechadamente,
los cuales sientes que no puedes con ellos;
la adversidad me tortura y amarga,
siento que todo en mí se debilita.
Las terribles injusticias a mí me matan,
me siento desolado a cada momento;
lo que me parece injusto no me gusta
y desespero atrozmente confuso por ello.
Más de lo mismo y siempre doy mi toque,
sin estudiarlo, aprendiendo de lo vivido.

El estrés

Cúmulo de pensamientos confusos
de tremendo desorden y revuelo
que generan en ti un malestar continuo.
Como en todo momento, todo lo generas tú,
tus estados de ánimo despiertan en ti todo tipo
de comportamientos inusuales, sin control,
provocando estrés y que chocan malamente
con tu verdadero ser interior y exterior.
Al igual que otras emociones, párate
y reflexiona, piensa en todo lo que te rodea,
piensa que cada persona es como es,
que con un buen diálogo, respeto, educación
y disciplina todo es mejor y más llevadero.

Pablo GC

Llamarada

Expulsa toda tu rabia, tu ira, tu desesperación
más alocada, un grito rompedor, desolación.
Saca con fuerza todo lo negativo de tu interior,
expulsando con un aliento de fuego al exterior.
Todo el mal se irá, todo lo bueno vendrá,
todo lo positivo reinará, de agua se cubrirá.
Pasión desmesurada eterna en ti,
amor que fluye de corazón dentro de ti.

Ser padre

Una ilusión y alegría tan grande
que el corazón palpita fuerte y arde,
con pasión desbordante y gran alarde,
sentimiento de tierno amor por ser padre.
Pues qué bello es tener en tu vida
a una persona que te dé amor y alegría.
Que los dos formemos uno con armonía,
los dos, con gozo, amor y buena energía,
traigamos a un nuevo ser a nuestras vidas,
de nuestra misma sangre y fantasía.
Compartiendo todo con amor siempre.

La decisión

Qué será de mí si hoy no decido,
si hoy me quiebro por dentro;
eso se resiste a salir fuera.
Complicado lo que te haces a ti
teniendo el poder y no usarlo,
qué desafortunado instante.
Sé fuerte y hacia delante en todo momento,
siempre con un nivel de superación
y supervivencia infinita en todo, grande.
Decide escapar de las falsas apariencias
que tu subconsciente crea con tanta mentira,
sigue la verdad tan bonita de la vida.

La ansiedad

Cúmulo de circunstancias que te generan
tremendos desequilibrios que te colapsan.
Personas que en cierta manera te generan esa
emoción al darle tú una importancia
que no tienen, que no tiene lugar en ti.
Sé consciente y capta esa emoción y más
para que no te perjudique ni esa ni ninguna,
juega con disciplina tus cartas con sabiduría.
Antes de hacer nada, estudia las situaciones,
piensa las cosas tranquilo y toma las medidas
adecuadas para cada caso evitando ansiedad,
así harás lo correcto sin preocupaciones.

Desorden emocional

Mi alma temblorosa de amor replica cual bello amor
escondido en el olvido de mi corazón desorientado
y lleno de pasión.

Trágicos sucesos sucumben en mi mente,
que está alerta siempre con todo lo que me rodea.

Caminando voy por la vida, escribiendo y pintando
lo que me acontece, con este desorden emocional que
estoy experimentando en esta etapa bella de mi vida,
llena de desesperación y a la vez júbilo.

Apasionante desorden en el que no sabes qué hacer,
ni muchas veces cómo proceder, pero que, con la
experiencia, todo ello es para tu bien.

Crecimiento personal

El cambiar tu ética demuestra tu crecimiento,
mejora tu conducta y aumenta tu conocimiento.
Estudia toda tu evolución, analiza lo que eres,
lo que quieres y lo que deseas ser.
Evalúa las estadísticas de cada aspecto
detallando con exactitud los beneficios
y los perjuicios que te cause todo.
Organiza todo y redacta claramente,
con objetividad, todo lo que te acontece.

La compasión

He aprendido a vivir fuerte,
a sentirme feliz conmigo mismo,
a sentirme dichoso, con fuerza, con poderío;
siempre desde el respeto, la educación
y con una gran compasión hacia todo y todos.
Siente, percibe y transmite amor siempre,
la compasión, qué buena sensación,
qué enorme orgullo de ser compasivo;
de que sienta, perciba y me transmitan amor.
Sé de sobras cuándo y cómo el amor
que doy y que recibo es verdadero,
y me siento muy bien por ello, por mí.

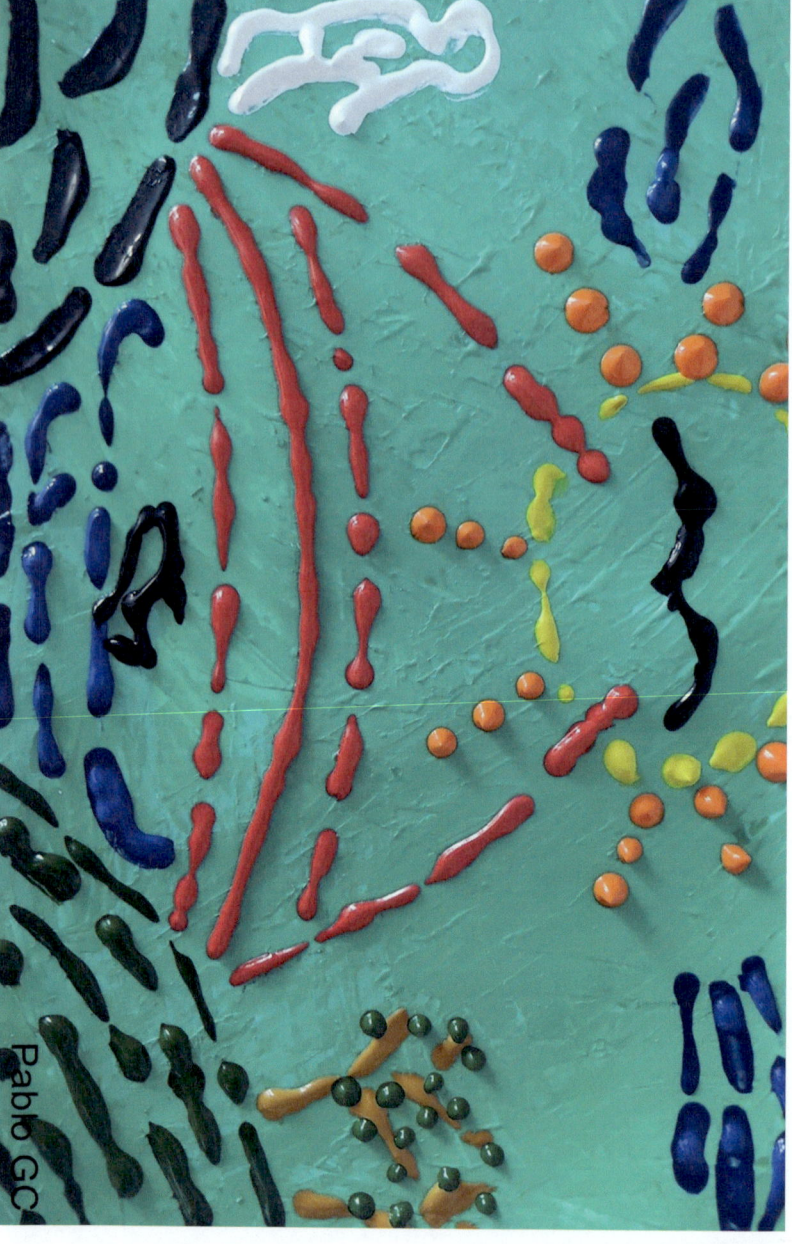

Puente

Unión de tantas cosas que producen estupor,
enlace de situaciones que causan furor.
Para que esa unión sea duradera en el tiempo,
el puente que sirva de enlace fructífero
tiene que tener unos cimientos fundados,
asentando las bases de un buen futuro.
Cada cual elige por qué puente pasar
y qué futuro fraguar sin dudar.

Creatividad

Dar tu toque a todo es tu sello de autenticidad,
es toda tu creatividad, toda tu espontaneidad,
lo que te marca por tu naturaleza de verdad.
Conserva todo ello y más, siempre mejorando
moviendo (te) con tus pasos, conservando
tus cuadros con tus cualidades pintando.
Sé original, demuestra de lo que eres capaz,
mírate y piensa que al pintar todo será capaz.

La pasión y la locura

Por un momento aparta de ti
lo que pienses que esté bien o mal,
échalo a un lado, coge la vida con pasión
y siéntete satisfecho de vivirla con emoción.
Pasión alocada de una vida loca,
desenfrenada de acontecimientos
sin compasión, extraño me encuentro,
loco de emoción me siento
al pensar y tener una vida
de loca pasión al respecto.
Aparta lo que realmente no quieras
y coge con fuerzas todo lo que quieras.

Deseos

El amor que me doy de corazón,
deseo ofrecerlo de verdad con compasión,
mi vida a una nueva vida con amor.
Refugio de sentimientos y asistir
a mis creencias para permitir
algo nuevo, lo que quiero transmitir.
Profundos deseos que empiezan
con el amor hacia mi persona,
para dar el amor hacia la otra.

Piscis

Manantial que abastece con satisfacción
al río que discurre vigoroso con imaginación
llegando a la fuente que abastece con pasión,
a todos los que aman el agua de corazón.
Procesos naturales que conectan con fuerza
mar, tierra y cielo, con una unión de dureza.
Creencias adquiridas de tu mejor manera
pasan a ser de vital importancia y lo que fuera.
Rodéate de todo lo que te sume en tu día
y empápate en la noche de toda la sabiduría.

Pablo Guerrero
Calderón

Tu estado

Llevaba mucho tiempo pensando en lo que me hacía
enfermar, me ponía nervioso, no me podía aguantar,
estaba inquieto, me sentía mal y fui corriendo hacia
lo que me hace enfermar para relajar mi estado de
ansiedad, pero, una vez más, equivocado estaba
y mal mi ser está.

Estaba liberado y de nuevo atrapado he estado, todo me
parece malo cuando estoy solo; gracias a Dios, tengo
una familia que me quiere mucho, yo, muy agradecido,
de todo corazón le doy todo mi amor.

He de tomar conciencia de una vez por todas de lo
que me enferma, no entrando en mí y ser responsable
mirando por mí, por mi salud, por mi vida,
por mi familia, por todo lo que quiero.

La posesión

Sabes que algo que es malo para ti
lo coges, apoderándose de ti,
cambiando todo tu ser para mal.
Si te sientes mal por cualquier cosa,
no realices cosas que te vengan mal.
No hagas caso a los pensamientos malos,
piensa en ti, en tu bienestar global.
Todo ello es un constante engaño
de la mente mala, a la que no
tenemos que hacer caso
y sí hacer caso a la mente buena.

La bebida

Es una sustancia maligna para mi cuerpo,
que se va escabullendo por mis adentros
y poco a poco me va minando por dentro,
de falsas apariencias y desencuentros,
matando despacio a mi mente y cuerpo.
¿Te preguntas? Otra vez esto, yo no quiero esto.
Deshazte de lo que sea maligno para tu yo,
llena de sustancias beneficiosas tu cuerpo;
crea buenas apariencias y encuentros
en tu mente llena de buenos pensamientos,
que te lleven a tener buenos refuerzos
para cualquier situación anómala en tu yo
y reconducirlo todo al buen camino siempre.

El fracaso

No defraudes a las personas que quieres,
a las personas que te quieren y miran por ti.
Ni te defraudes a ti mismo, todo lo adelantado
no lo atrases, es mejor ir hacia delante.
Qué mal me siento cuando causo dolor
a las personas que quiero, a toda persona,
sin ser consciente de lo que hago, qué fracaso,
sé consciente de la responsabilidad de tu vida.
Por favor, no hagas pasar dolor ni sufrimiento
a las personas que te tienen gran afecto.

La mediocridad

Muchas veces quieres agradar a las personas
sin haber agradado antes a tu persona,
quieres ser espléndido con otras personas
sin mirar lo espléndida que es tu persona.
Si tu forma de ser es débil, mejórala,
no permitas que nadie te debilite,
te hagan sentir mal, elimina todo ello.
Aprende de todo lo negativo de ti,
analízate y saca todo lo positivo de ti.
Ya sabes que todo parece lo que no es,
todo lo que te pasa tú mismo lo has decidido.
Decide ser mejor persona, fuerte y buena.

El cortisol

Los pensamientos negativos te hacen sentir mal; si les das la importancia que no tienen, se hacen más fuertes pudiendo así poco a poco acabar contigo, subiéndote el cortisol, llevándote a tu debilidad más frágil, poniéndote malo, todo ello generado por tu mente.

Por lo que hazte un gran favor a ti y elimina de la mente esos pensamientos que tan mal te hacen, no les hagas caso, no le des importancia, mira por lo que es importante realmente, lo importante eres tú, tu salud y tu felicidad, siempre, en todo momento.

Enfócate bien en lo que quieras de verdad y así desaparecerá toda la maldad, se quedará todo lo bueno de verdad.

Pablo GC

Extraño

Rarezas del desarrollo humano deambulan
por extraños amaneceres que desvelan.
Por un extraño camino desorientado velan
en el anochecer, extraños seres que deambulan
por inhóspitos lugares que deslumbran,
cuyo camino tomaré para recorrer tan bellos
lugares que acontecer lo que desea mi ser,
experiencias nuevas de verdad quiero tener,
pues, por extraño que parezca, tan bellos
momentos discurren por mis adentros,
todo ello de verdad lo siento.

La depresión

Qué opinión personal me ofrece este tema, que para
mí es una enfermedad mental, generada por tus
pensamientos, los cuales desencadenan en un estado
emocional de tristeza, parece que no puedes con nada,
todo te parece un mundo y decides por ello tomar la
conducta de dejarlo todo, dormirte, rendirte y perderte
en unos oscuros pensamientos ficticios llenos de
mentiras y perjuicios.

Qué te deparará toda esta enfermedad, para
poder curarte en este momento, necesitas de tus
pensamientos interiores y una ayuda externa siempre es
buena, tómalo todo bien, con buenas esperanzas
y verdadero amor.

La música

Bella sensación que me aporta satisfacción,
me lleva a otro plano sano dándome relajación.
Conmueve todo mi interior llenándolo de amor,
mi mente y corazón, qué grandioso estupor;
toda esa bella sensación sale al exterior,
con gran pasión, otorgándome mucho amor.
Qué alegría tan grande que es la causante
de bailar la música tan bonita al instante.

Salvajada

Rompe brutalmente con todo lo dañino
para ti y tira abajo la puerta de tus demonios,
enloquece con todo lo que te aprisione
y destruye salvajemente tus errores.
Demuele el muro que te impide mirar más allá,
construye con valía lo que desees mañana
y con fuerza y determinación sigue cada día.
La constancia nos diferencia de todo
y la perseverancia nos hace proliferar.

Pablo Guerrero
Calderón

El humor

Siempre es maravilloso tener buen humor,
sentir bien toda la alegría de tu alrededor,
interiorizarla y transmitirla.
Ríe feliz y festeja con tu persona la vida,
flexibilidad en cada acontecimiento,
alboroto contento en cada momento.
La espontaneidad risueña como siempre,
qué bien viene lo diferente a los demás;
causa en mí algo fuera de lo normal,
todo sonriendo con respeto y sobriedad.

El placer

Cómo saber si lo que sientes es placer.
Cómo piensa tu mente que es el placer para ti.
Cómo experimentar el placer en tu cuerpo.
Maravillosa sensación de locura que invade
mis sentimientos y apasiona mis sentidos,
en un estado de gloria y pasión desbordada.
Cuando confluyen dos cuerpos y mentes
con amor, qué gran momento enloquecedor,
que satisfacción feroz de corazones locos
de cariño mutuo y regocijo esperanzador,
transmitiendo flujos eróticos de pasión;
al compás del *soul*, testigos el sol y la luna
del frenético desenlace placentero de amor.

Pablo GC

Invasión

Me invaden constantemente pensamientos
de terroríficos conflictos bélicos entre
mi mente, mi cuerpo y mi corazón.
Se produce una lucha, una tremenda guerra
que continuamente rompe la paz de mi ente,
gracias al amaestramiento de mi mente,
he conseguido que me envuelva una luz blanca
que me protege de cualquier invasión a mi ser.
Todo con moderación y orden, como sabes,
para alcanzar tus buenas metas con cesura.

La presión

He aprendido a no presionarme en nada,
a que no tienes que pensar constantemente
en la posesión, en el tener, en el querer
lo que no está en tu mano.
Los conocimientos adquiridos tómalos
en tu persona, contempla los beneficios
de la sabiduría acogida en tus manos,
regálate momentos de calma y reposo.
Ya está, no te castigues por más tiempo,
vive condescendiente contigo, tu nacimiento.

Disociación

Para mí es una sensación de incertidumbre
que genera en tu mente humana perplejidad.
Una percepción de conflicto de pensamientos,
los cuales se dividen en malos y buenos.
Posees la fastuosa oportunidad de ver
el mundo de una forma real y correcta
siendo consciente de tu poder de decisión
para atraer a tu vida todo lo mejor para ti.

Edificación

Cuando viene a tu imaginación la edificación
de los edificios que has diseñado en tu mente
plasmándolo en un cuadro, en un plano,
para finalmente llevarlo a la vida real,
de la mejor manera que quieras.
Sentimiento de satisfacción por tu gran labor,
de tu contribución humana, hacia la humanidad
con urbanidad leal y acatamiento voluminoso.
Conserva adecuadamente lo que posees,
haz las cosas para ayer, vive el presente bien
porque nunca se sabe lo del mañana.

El orden

Cada uno tiene su propio orden universal,
su forma de ver y proceder en especial.
Vemos lo de los demás y no vemos lo nuestro,
centrarse en lo tuyo y no fijarse en lo suyo;
organiza esmerado lo propio, sin ver a los otros.
Me gusta disponer de mis reglas preparadas
para usar en cada ocasión lo mejor dispuesto
teniendo presente que no todo lo prevenido
sale como lo tenías mejor determinado.

La belleza

El mirarte me alegra al instante,
al recordarte, deseo olvidarte.
Un beso con tu cuerpo al cielo,
con la mente al cielo quiero,
pues con versos me expreso.
Despliegas tu dulce manto azul
por las aguas color turquesa,
se refleja en ella toda tu gran belleza.
Cual atisbo de sutileza,
te deslizas con franqueza,
por este mundo de riqueza.

Reconocimiento musical

Despierta en ti todo lo mejor,
te refugias en ella en todo lo peor,
sales con ella de momentos de dolor,
resurge en ti deseos de gran amor.
Rotura de éxtasis sacando toda la adrenalina,
llevándote a liberarte de emociones humanas
causadas por magia de la música mundana.
Me transporta y conduce a lugares mágicos
ataviados con sentimientos arcaicos.
Al entrar en tus pensamientos los modifica
generando emociones paulatinas bonitas
y acabando en conductas mejoradas.

El saludo y la despedida

Hermoso orgullo al inicio del saludo humano,
triste amargo al final de la despedida humana;
sentimiento que simboliza un amor eterno.
Bello santiamén, parece pasado en un segundo
tiempo valioso, en un momento transcurrido;
embellecidos abrazos y besos en el recuerdo,
trágico desenlace que se queda en el olvido.
Un hola educado a tus seres queridos,
una despedida de hasta luego amado.
Cuando sientes la felicidad de los tuyos,
qué feliz se siente uno con todo lo suyo.

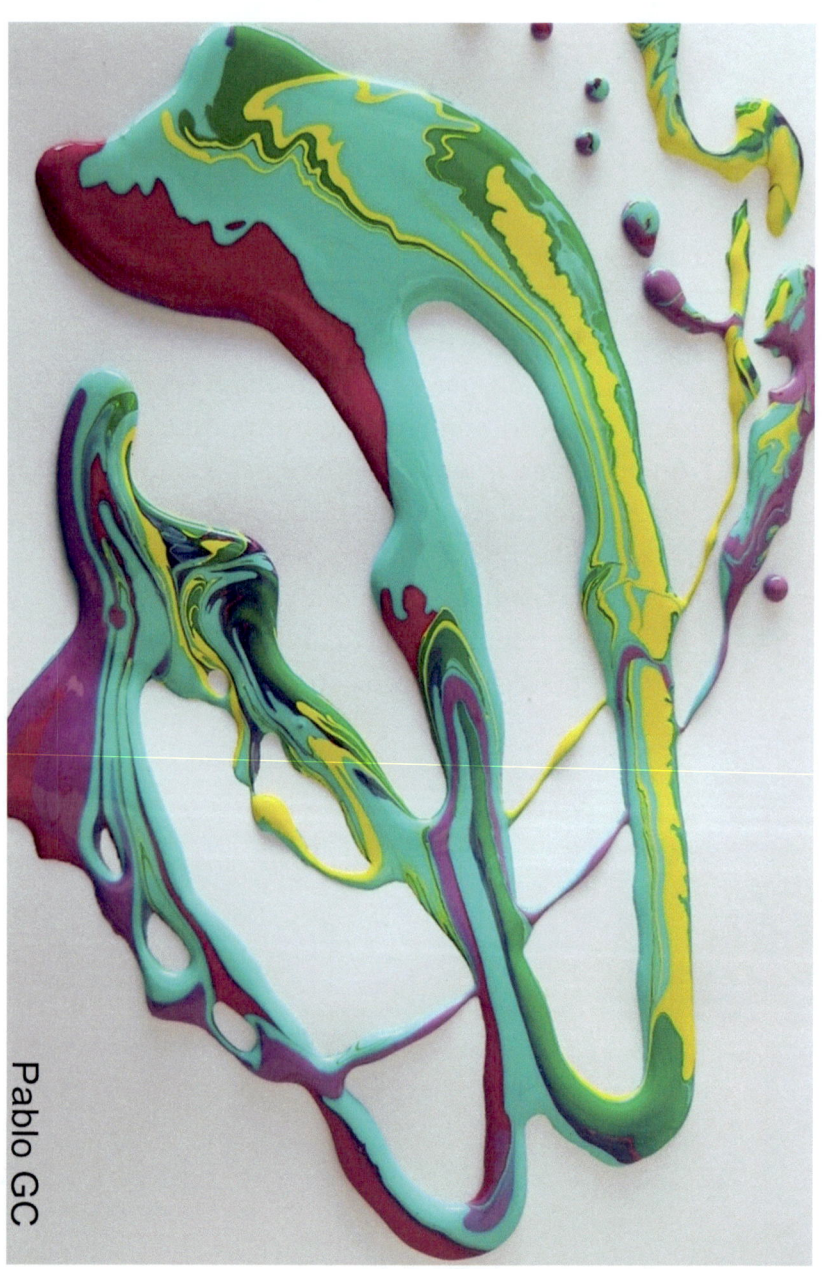

Pablo GC

Caminos

Cómo saber qué camino has de tomar,
qué camino te llevará donde tú quieres llegar
para afrontar la vida con mayor bienestar.
Cuál es el buen momento adecuado
para tomar la mejor decisión adecuada.
Toma el camino que te identifique,
sigue las indicaciones que conoces.
Sigue de frente y no retrocedas en tu caminar.

Vacaciones familiares

La increíble sensación que siento cuando comparto
todas las vivencias y experiencias de unas vacaciones en
familia es algo memorable, inexplicable con palabras,
pero sí bellamente expresado con verdadero amor.

S'il vous plaît, excusez-moi.
Il mio cuore bellissimo, de l'anima aperttuta.

Majestuosos lazos de sangre que nos unen de por
vida, en este tránsito por la misma, que larga y mágica
camina por los senderos fantásticos e insospechados
momentos que nos depara cada bonito acontecimiento.

La nostalgia

Tu manera de ser, que te lleva a los recuerdos
de instantes llenos de buenos puntos vividos,
momentos felices con tus seres más queridos,
con todas las personas y lugares encontrados
por el destino, en un tiempo amado vivido.
Bellos pasatiempos de aconteceres hermosos,
todo ello en el tempo, gusto en mis adentros.
Siempre en mi cabeza lo que y cómo soy,
lo que pretendo alguna vez alcanzar,
lo que contemplo para crecer y mejorar,
pues siempre en esas estás y aquellas estoy.

Pablo GC

La gente

El continuo trasiego de la gente,
deambulando por este mundo indecente,
sin un rumbo fijo, sin ir de frente,
pasan por tu vida de manera indiferente,
no eres aceptado y te duele la mente.
Siempre me gusta sacar el lado positivo
de todo, de la gente y ser persuasivo.
En la vida me gusta ir y voy de frente,
trasladando lo que piensa mi ente,
todo mi amor de corazón se lo doy a la gente
en este mundo que en ocasiones es decente.

La melancolía

Te evades de tus propios pensamientos,
aquellos que recuerdas con miramientos,
de manera peculiar y con ojos melancólicos,
rotos a llorar y a reír con memoria de locos.
Pensaba en la bebida seca recordando abatido
mi melancolía y de repente se humedeció todo
colapsando lo construido en un suspiro.
Por muchos designios malos que te vengan
de abandono, lo que es malo para ti, no lo cura,
todo ello con el tiempo, siempre se van yendo,
de repente todo desaparece y llega lo bueno.

El desprecio

Para mi parecer, por desgracia, qué mal
se ha vuelto la sociedad con tanta maldad.
Qué desprecio cuando demuestras tu pasión,
contradicción siempre al no recibir compasión.
Sensación muy mala por sentir esto,
perdonadme por tanto desprecio,
por tanta negatividad al respecto,
pero muchas veces es lo que siento.
Muchas gracias a bellas personas especiales,
que me encuentro en mis paseos espaciales,
mentalizarme de esos pasos adorables.
Demostrar amor, lo absorbido de corazón.

Trauma

Cualquier acontecimiento que te produzca
malestar interno, por difícil que te parezca,
tú lo has decidido, aunque no lo reconozcas.
Pasa lo que tenga que pasar, todo llega y pasa,
siempre aprende de lo sucedido y descansa.
La ignorancia de las cosas hace que percibas
la oscuridad producida por lo que observas.
Siendo ella la causante de lo que te ocurra,
produciendo así traumas que tienen cura.
Lo siento por todo y siempre agradezco todo.

La complejidad

Curioso momento desolado en la soledad,
de una sociedad que va a lo de cada cual.
Instantes de incertidumbre me invaden,
cuando transito solo por la humanidad;
montículos extraños y raros sobresalen,
mis recorridos por ellos me llenan de bondad.
Todo parece tan complejo siempre,
llega a mí una tremenda pesadumbre;
una barbarie hacia lo desconocido
que me apaga en la oscuridad del olvido.
Mi toque es olvidar la oscuridad
y con orgullo abrir la claridad.

Mentalización

Ve siempre hacia delante pensando en tu bien
sigue de buenas la luz iluminadora de tu mente
y haz que tu cuerpo lo perciba correctamente.
Mentalízate de lo que te haga el bien,
he aprendido a comportarme
como un estoico y no obsesionarme
con todo lo que no esté a mi alcance.
Controla los impulsos nerviosos de tu ego.
Todo está en ti, tienes todo el poder, sin penas,
date siempre oportunidades, vive vida plena.

El recuerdo de una sorpresa

La bella transmisión de las buenas energías,
el conectar con otra persona con alegría,
cuando se juntan dos cuerpos en una fantasía.
Fantástica sensación llena de gran amor,
locura contemplada de fuerte pasión.
Derrame de placer sin auténtico control,
que hace despertar en ti un bonito confort;
derroche de extravagancia con gran calor,
fuerte orgullo propio de afortunado valor.

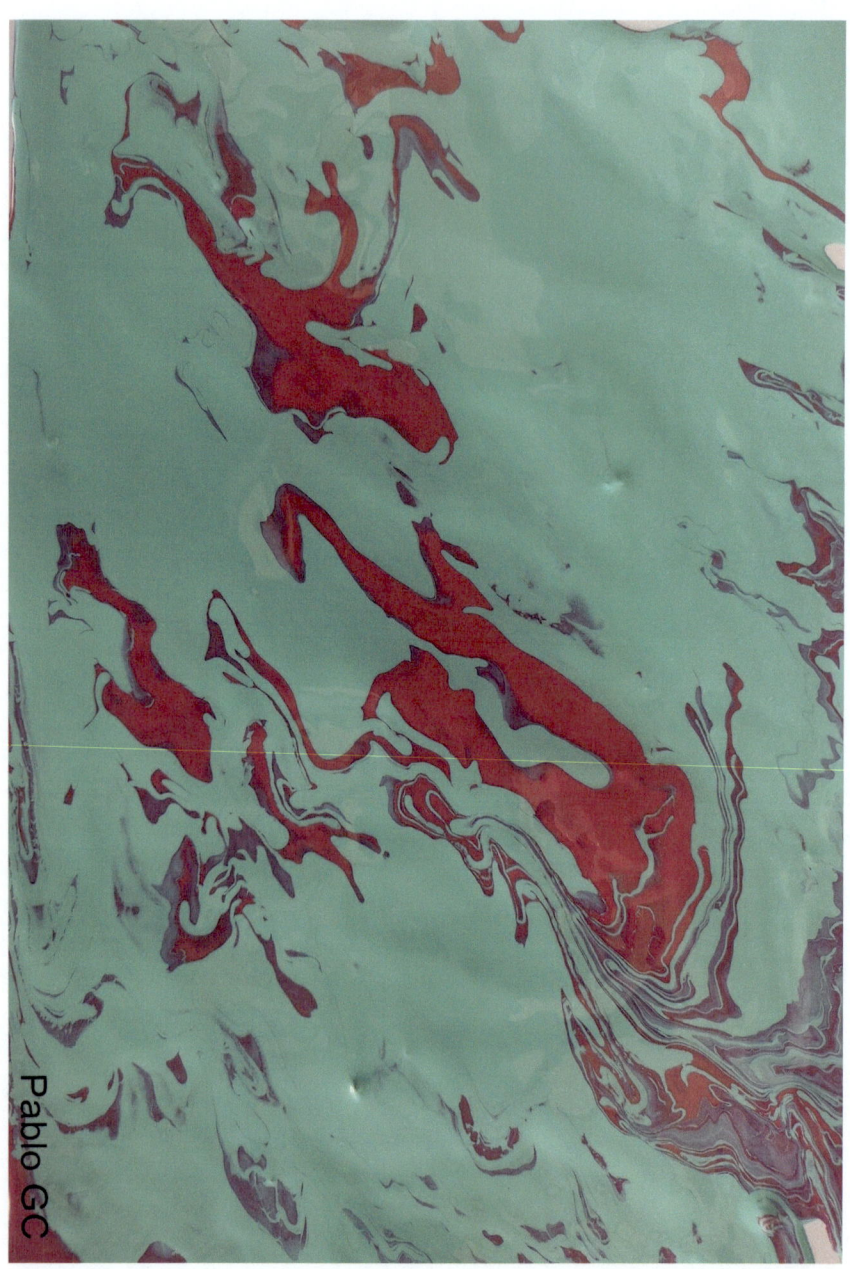

Sorpresa

Crear momentos únicos salidos de la nada,
no saber qué te deparará el destino incierto;
en un instante un sueño llega a mi alma amada,
un suspiro de aliento fresco como el viento
me remueve por dentro mis pensamientos.
Se genera en mí una sorpresa de alegría,
sorpresas que me gustan dar de corazón
y, cuando me pasan a mí, qué buena sensación.
Al verlo con mis ojos, mi mente se remunera,
felices acontecimientos de amor placentero.
Maru, querida y deseada bailarina latina.

Chacho, qué bueno

Tus orígenes tu tierra, tu cultura, tus ideas.
Qué bueno que te vi, *chacha*, qué bien estás,
vamos a bailar bien, mis enloquecidas amigas;
bellísimos sucesos que te pasan por dentro,
sorprendidos de ellos, remueven mis adentros.
Olvidemos todo, *chacho*, siempre y vivamos,
vamos que nos vamos por la bahía, vamos
por esos caminos de pasión y risas de locos.

Extremadura

Tierra de gran naturaleza con su flora y fauna reflejada
en el Parque Natural de Monfragüe, dehesas de encina
y alcornoque se extienden por hermosas llanuras dando
cobijo al cerdo ibérico, sus sierras con los jabalíes y
venados, perdices, palomas, águilas y buitres leonados.

Belleza derramada por sus ríos y pantanos, manantiales
de agua fresca discurren por piscinas naturales, aguas
cristalinas bajando entre rocas por la sierra de Gata, el
Jerte, la Vera, valle del Ambroz, hasta Cañamero, vecino
de la majestuosa Guadalupe, con su monasterio.

Brilla en la noche el teatro romano de Mérida, se
escucha la música en la plaza San Jorge de Cáceres,
la plaza Mayor de Badajoz, tantas cosas,
saborear una copa de vino con jamón.

Pablo GC

Universo

Espacio estelar infinito, complejo en el todo,
constelaciones que van y vienen sin sentido.
Rotura de mi estado, estallido de color,
fuerza infinita sin control, con frío y calor.
Tenebrosidad escondida en lo desconocido
sin saber qué pasa en el más allá, en el vacío.
Llevarnos por nuestras creencias personales,
nuestro señor en el corazón para amarlo,
querer nuestro destino sin saber tenerlo.

Dulces sueños

Tierno y hermoso manto de seda rosado
recubre tu precioso cuerpo semidesnudo,
desarropada te hallas en mi cama calmada;
bella y esplendorosa te encuentras a mi lado,
te susurro bajito mi poesía de amor al oído.
Una vez más nos entrelazamos en un abrazo
que perdura en el tiempo con gran entereza,
a gusto me encuentro al pensar con franqueza
que, a tu vera, todo me parece tierna grandeza.

Romance

Instantes de pasiones desenfrenadas,
bajo la luz del sol hasta la luz de la luna;
apuesto romance deslumbra mi amada
desde el día hasta la noche estrellada
y al viento se junta con la brisa marina
de un mar bravío entre tus brazos, querida.
Con locura hacemos el amor en la playa
al son de las campanas desde la montaña;
resuenan con fuerza al compás escarlata
mezclándose nuestros cuerpos en la arena,
solos, en medio de una isla desierta.

Sacrificio y motivación

Darlo todo siempre, en todo lugar,
con gran sacrificio hay que luchar
para lo que quieras conquistar.
Con fuerte motivación por ello pelearás,
buenísimos resultados cosecharás;
pues sobresaliente has de plantar
para recolectar cual lindo amar.
Grandísimo trabajo desempeñado,
apolíneo beneficio sano obtenido,
pues cual estudio enorme adquirido.

Pablo Guerrero
Calderón

Los sitios

Si cada lugar donde nos encontramos
hablase, podría escribir varios libros,
varias ilustraciones en las que publiquen,
cuales momentos vividos, con diferentes
personas, en diferentes lugares, cuántas
cosas que expresar que no tengo palabras,
ni líneas donde plasmarlas, todo ello
me reconforta en la necesidad de aprender
cada día más y mejor, en la gran necesidad
de amarme más, de amar más a las personas
siempre realizando el bien en todo momento.

Los estudios

Fuerte empeño de codos, nunca fue mi fuerte.
Valiosos conocimientos debidamente
adquiridos para tu buen desempeño
a la hora de moverte por la vida.
Ejercita tu mente para desarrollar tu existencia,
aumenta tu saber, continúa y sigue creciendo.
Todo ello como lo sabido, sin presiones
de ningún tipo, aprendiendo de lo vivido.

Rutina

Se pierde la constancia y la perseverancia
cuando se rompe con la rutina, desgracia
de sentimientos malos en consecuencia,
de alguna manera te llevan con frecuencia
a perder la desesperanza de tu existencia
provocando a tu persona una desavenencia.
Con este tremendo desacuerdo, parece
que es muy complicado volver a la rutina
que viene bien para ti y pierdes la energía,
encuentras una sensación que te fascina,
te evades de lo que te da profunda alegría.
Profundizas todo, siempre para tu buena vida.

Alimentación y descanso

Para favorecer siempre tu salud en todo,
has de seguir una buena alimentación
con productos sanos bien estudiados;
acompañados de un buen descanso
que sea reconfortante y rehabilitador,
favoreciéndote para una nueva actividad.
Manteniendo así un correcto equilibrio,
siguiendo con orden una pauta de vida
sana, combinándolo con un buen ejercicio,
estudios y los *hobbies* que te gusten;
todo ello planificado y llevado a la práctica
para cada persona, con ayuda profesional
en todos los ámbitos, pero siempre teniendo
en cuenta que tú eres el que mejor te conoces.

El tiempo

Todo lo que llega pasa de la nada,
bien aquello pasado que mal acaba;
pues comienza algo esperanzado,
con el paso del tiempo es recompensado.
Sé cómo realmente eres, cómo lo sabido
y todo lo que esté para ti será llegado
en el lugar y momento adecuado.
Tranquilidad, tiempo positivo en el tiempo,
omite la precipitación negativa del momento.

Pablo Guerrero
Calderón

Recuerdos y olvidos

Vienen a mi mente recuerdos de dolor,
olvida lo que te haga daño con furor,
versos que expresan enorme valor;
colapsando todo lo que está alrededor,
precipitando lo pasado, de bello esplendor,
cual fiel y raudo eres siempre buen admirador.
Leves vestigios de algo recordado
que parece desaparecer en el olvido,
de cuyo póstumo instante marchitado
renace vigoroso y bravío lo enseñado,
de apuesta sapiencia es bien recibido.

Las debilidades

Analiza y comprende conscientemente,
tus auténticas debilidades y fuertemente
insiste constante, luchando intensamente;
para lo que te arrastre hacia abajo,
levantándolo ostentoso hacia arriba;
siempre sintiéndote bien contigo mismo,
en todo momento, por cualquier motivo.
Con mesura mejora cada día respetando,
perdonando y agradeciendo a lo divino
todo tu bienestar por siempre querido,
crece en tu orgullo personal más amado.

La dignidad

Cualidad del ser humano, la cual debemos
preservar como lo que más queremos.
Vivimos en sociedad con todo lo conllevado.
Debemos, por tanto, estar bien preparados
en todos los ámbitos del ser humano
para poder convivir bien e ir de la mano.
Sabiendo lo que debes decir en cada momento,
decir «No» cuando no quieras o no estés a gusto,
no pierdas tu dignidad por nada ni por nadie.

El alma

Del amor al odio solo hay un paso
por desgracia, qué malo que pase
lo que no parecía.
La pena para mí es que ocurran
y dejen al alma llena de dolor.
Las contradicciones que se producen
muy a menudo, también desgraciadamente,
causan una terrible tristeza.
Pero, gracias a Dios, solo son pensamientos
a los que no hay que dar importancia.

Pablo GC

Noche y día

¿Qué es lo primero?
Dulce día que brilla e ilumina tu vida.
Bella noche que encandila tu alma.
Pues vive mirando por tu salud y felicidad,
sentimientos me inundan con inmensidad;
emociones locas me atraviesan con frialdad,
de lo mundano disfruto con majestuosidad.
Plasmo y recito mis poesías con enorme amor,
escribo y expreso mis reflexiones de corazón;
pinto y expongo mis cuadros con gran pasión,
todo ello de día y de noche con esplendor.

Pablo Guerrero
Calderón

Pensamientos

Confluyen en mi intelecto demasiados
sucesos reales, espontáneos e imaginarios,
cuyas cavilaciones son propiciadas
por acontecimientos involuntarios.
Todo ello se acumula sin ningún orden
proporcionándome tremebundos
mareos, migrañas y dolores de origen,
haciendo cambiar todo lo originado,
por lo que opto por dormir en profundidad
para eliminar y recuperarme de todo mal.

Atracción

Me he dado cuenta con mis experiencias
del poder de los pensamientos para atraer
a tu vida lo que quieras de verdad obtener.
Para ello me he propuesto pensar y pedir
bien con el corazón en el Señor y recibir
con mi mente y cuerpo mi buen porvenir,
rodearme de todo aquello que me haga feliz.
Dominio de la atracción sin igual para tu sueño.

Pablo Guerrero
Calderón

Guadalupe

Allí estás, hermosa patrona extremeña,
hispana eres, que a hombros deslumbras,
al paso firme por el hermoso claustro del
Real Monasterio de Santa María de Guadalupe,
imponente se te ve en tan mágico lugar,
patrimonio de la humanidad, cuyos
bellos vestigios de historia te contemplan;
por ti pasaron grandes personajes históricos
que afloraron tu enorme leyenda, de eterna
grandeza, perdurando hasta nuestros días.
Allí también me contemplaste en un día
muy especial para mí en todos los aspectos.
Grandes recuerdos tengo siempre de ti,
con ello me quedo y lo conservo tan bueno.

España

Vamos a unirnos siempre en todo sin igual.
No creemos desigualdades ni diferencias
que contribuyan a guerras, pues aprendimos
a que todo nuestro hermoso territorio unido
en respetos, igualdades y cumplimientos
de todo tipo con amor contribuye a crecer
mejorando en nuestro aporte a la humanidad.
Preservando y respetando nuestra historia,
nuestros cuerpos de seguridad, los territorios,
la cultura, la religión, el idioma, las tradiciones,
la naturaleza, los edificios, las catedrales, los museos,
la gastronomía, las festividades, el turismo.
Vamos a contribuir todos unidos de verdad,
democráticamente con un buen gobierno,
por el bien de nuestro hermoso país: España.

Originalidad

El pensar que algo que haces está mal,
puedes equivocarte y resultar estar bien.
Aunque una persona sea ordenada,
está bien que en ocasiones sea espontánea;
causa intriga dejarse llevar por la farándula,
deja que lo bueno en ese instante para ti fluya.
Piensa en emociones fuertes de arrebato.
¿Qué conclusiones sacas? Piénsatelo
y acompáñalo con óptimo equilibrio,
revisa consciente lo que te haga bien y vívelo.
Lo original te marca, exprésalo con sensatez.

Olvido

El tiempo todo lo cura, pero no olvida,
ya sé que, por más que quiero, lo pierdo.
Por etapas me muevo, en sitios te veo
y parece pasar el tiempo en un olvido.
Camino errante en un control espontáneo,
saltando entre piedras, húmedo leo.
Placentero remanso, con esplendor observo
las aguas grises que discurren por mi alma.
Locura extraña en una rareza pienso,
reflejos se desvanecen de la noche al día.

Pablo Guerrero
Calderón

La flor

Las flores caen preciosas del cielo,
como las estrellas en mi sueño,
bello lugar agradable el que avisto;
una mezcla de naturaleza, música al hilo
y rica gastronomía al mismo tiempo.
Hermosas personas llenas de cariño
atienden con esbelta dulzura y esmero.
Tremendos recuerdos me invaden dentro,
al pasar por tan bello momento vivido,
el cuál, trágicamente sucedido,
no resultó como hubiese querido.
Al valorar con calma lo pasado,
que gran idilio entre tus brazos,
reconfortado en ello me siento,
pues de la vida aprendo, a mí me quiero.

Agradecimientos

A mis padres, Pablo Guerrero y Constanza Calderón; a mis hermanas, Esther y Laura; a mis hermanos, Antonio y José Miguel, por confiar en mí y darme todo su amor; a mi primo José Antonio y mi tía Paqui, por aportar su granito de arena y ofrecerme todo su cariño; a mí abuela Luisa, a todos mis seres queridos, a toda mi hermosa y querida familia en general (mis tías y tíos, mis primas y primos, mis sobrinas y sobrinos, y Manola), por estar ahí siempre y en todo momento, apoyándome y enseñándome tantas cosas buenas de la vida, sintiéndome muy feliz, amado, afortunado y halagado por ello.

A todas las personas que han pasado por mi vida (amigos, compañeros y conocidos, Guadalupe, Adolfo, María, Juan José y Rosa), de las cuales aprendo mucho; a mi prima Jésica Amador, por aconsejarme esta estupenda editorial y que, junto a todas/os, habéis podido hacer realidad mi sueño.

Finalmente, y no menos importante, quiero realizar una gran mención a todas aquellas personas que lean este libro, para que me puedan conocer más y mejor.